새로운 도전

소그룹하우스

소그룹하우스 101 부르심시리즈

새로운 도전

지은이 | 채이석 · 이상화

초판 발행 | 2007년 6월 1일

재판 1쇄 발행 | 2012년 4월 12일

등 록 | 2001.05.02(제4-423)

등록된 곳 | 경기도 용인시 기흥구 중동 38-1 웨스트민스터신학대학원대학교 505호

발행처 | 소그룹하우스

발행인 | 채이석

편집인 | 이상화

편집부 | 031-286-2957

업무부 | 070-7578-2957

인쇄 | 찬영디앤피 (02-542-0227)

표지그림 | 이문정

총판 | 국제제자훈련원(02-3489-4300)

값 | 3,500원

ISBN 89-91586-08-6

89-952754-0-5(세트)

목차

Contents

머리말

'소그룹하우스'의 성경공부시리즈는 소그룹에 참여하는 모든 이들로 하여금 풍성한 교제와 하나님 말씀을 통한 깨달음, 그리고 생명적 공동체로서의 소그룹 재탄생, 구성원 개개인의 교회를 향한 섬김과 복음전파를 향한 헌신의 결단이라는 통전적이고 균형 잡힌 소그룹을 이루도록 구성되어 있습니다. 성경공부가 중요하지만 단순히 머리로 하는 공부에 그치지 않도록 구성된 이 교재의 기본 철학을 이해하고 궁극적으로 건강한 교회를 이룩하기 위해 건강한 소그룹을 꿈꾸며 '소그룹하우스' 성경공부 시리즈를 적용한다면 큰 효과를 기대할 수 있으리라고 봅니다. 초대교회가 경험했던 깊이 있는 교제와 나눔을 통한 치유와 영적인 역동성이 우리 시대에 다시 회복되기를 소원하는 마음 간절합니다.

본 연구원은 건강한 교회 내의 균형 잡힌 소그룹을 일구어 내기 위해 미국의 세렌디피티하우스가 개발하고 있는 소프트웨어와 많은 배려에 도움을 받고 있습니다. 그러나 우리의 사역은 한국 교회의 상황에 적합한 소프트웨어를 개발하기 위해 많은 임상과 연구작업이 병행되는 어려운 과정입니다. 따라서 본 연구원의 사역을 위해 여러 교회와 목회자, 그리고 성도님들의 후원이 있음을 이 지면을 빌어 말씀드리고 싶습니다. 그 동안 끈기 있게 기다리며 후원의 끈을 놓지 않으신 본 연구원의 귀한 후원자들과 임상에 참여해 주신 비전교회 교역자 및 순장님께 다시 한 번 감사를 드립니다.

한국소그룹목회 연구원 원장 채 이 석 목사
대표 이 상 화 목사

□ 교재활용 안내

소그룹하우스의 성경공부 교재는 크게 3부분 – 1) 마음열기 2) 말씀나눔 3) 적용과 마무리 – 으로 구성되어 있습니다. 성경공부를 시작하기 전에 이 세 가지에 대한 충분한 이해를 하지 못하고 마치 마음열기를 그냥 게임으로 생각한다든지 말씀나눔 시간을 학문적인 탐구로, 적용과 마무리 시간을 단순히 끝나는 의례로 생각하고 시작한다면 본 교재를 끝낸 후 허탈감을 느낄 수도 있다는 것을 유념하셔야 합니다.

마음열기

마음열기는 모임을 시작하는데 도움을 주는 활동입니다. 마음열기는 곧바로 그 날의 주제에 대한 연구나 토론으로 뛰어들어가는 대신에 모든 사람들이 만남을 준비할 수 있도록 도와주는 것입니다. 마음열기는 사람들이 서로에 대하여 더 깊이 알 수 있도록 도와주는 재미있고 흥미로운 프로그램입니다. 마음열기는 누구나 활기차고 두려움 없이 이야기할 수 있도록 분위기를 돋구어 주는 시간입니다. 마음열기는 사람들이 여러 가지 힘들었던 일들을 잊어버리고 소그룹 안에서 신나는 대화를 시작할 수 있도록 도와주는 것입니다.

여러분이 맺고 있는 관계의 영역을 여러 개의 방으로 된 집과 같다고 상상해 보십시오. 우리는 거의 언제나 그 관계의 영역 가운데 단지 몇 개의 방 – 정보를 나누고, 날씨에 대하여 이야기하고, 무엇을 구입할 것인지 토론하는 등 – 만 방문할 것입니다. 소그룹 안에서 이루어지는 관계는 그보다 더 많은 것을 제공할 수 있습니다. 건강한 소그룹은 각 구성원들이 그리스도인의 교제의 자리에 더 많은 것들을 함께 나눌 수 있도록 허락합니다. 여러분의 소그룹은 여러 가지 방들의 문을 활짝 열어 주어야 합니다. 그래서 즐거움, 책임감, 기도, 고백, 격려, 약속, 추억담 그리고 서로의 꿈을 나눌 수 있게 해주어야 합니다.

소그룹하우스의 성경공부 교재 중 301(심화시리즈)은 성경에 대한 깊은 연구를 할 수 있도록 구성되어 있습니다. 그러나 101(부르심시리즈)과 201(성숙시리즈)에서의 성경연구는 신앙고백과 자신의 삶의 이야기를 많이 나눌 수 있도록 구성되었습니다. 이 교재는 101(부르심시리즈)에 속하는 교재입니다. 101(부르심시리즈)은 그룹의 생명주기 중 탄생기에 해당합니다. 그러므로 이 교재를 사용할 때는 성경연구보다는 자신의 개인적인 신앙고백이 '말씀나눔' 시간에도 자연스럽게 나올 수 있도록 진행할 필요가 있습니다(부록 : TALK전략 참조). 이 교재는 이러한 시스템에 맞추어 구성되어 있습니다.

적용과 마무리

잘 시작하는 것이 중요하다면 잘 마치는 것 또한 똑같이 중요합니다. 적용과 마무리는 그룹이 자신들의 모임을 함께 평가하면서 마무리하는 활동들입니다. 이것은 영적인 활동입니다. 대부분의 사람들은 낯선 모임 속에 들어와서 곧바로 자신들의 영적인 삶에 대해 마음을 열고 이야기할 수 없습니다. 모임이 가장 솔직하고 가장 정직해질 수 있는 시간은 끝마칠 때의 기도 시간입니다. 서로에 대하여 약속하는 연습, 활동을 계획하는 일들, 그리고 성구 나누는 것도 역시 효과적인 마무리 활동들입니다. 각 과에 적용과 마무리를 위한 유용한 도구들이 나와 있습니다.

우리가 각 교회에서 여태껏 해 왔던 방식의 성경연구와 토론만으로는 소그룹이 서로를 신뢰하고 친밀감을 느끼는 곳에 안착한다고 보장할 수 없습니다. 안전한 그리스도인 공동체를 세우는 일은 힘있는 체험이지만 매우 민감한 과정입니다. 적절한 마음열기와 마무리 도구를 활용함으로 소그룹은 기도하고, 함께 울고 웃으며, 고백하고, 격려하며, 성경을 자신들의 삶에 적용하는 특별한 교제의 장이 될 것입니다.

제1과

고난도의 모험

제자가 된다는 것은 그냥 교회를 다니는 것 이상이다.

그것은 완전한 헌신과 고도의 훈련을 요구한다.

01

제1과

고난도의 모험

! **진행안내** 마음열기는 나를 다른 사람에게 선물로 준다는 마음으로 시작하면 더욱 효과적입니다. 그래서 다른 사람의 말에 적극적으로 긍정해 주고 눈으로 또는 몸으로 반응해 주는 것이 중요합니다. 101(부르심)은 서로를 알아가는 것이 무엇보다 중요한 단계이므로 충분히 시간을 갖고 진행해 주십시오.

내가 아는 멋진 사람들

1. 어렸을 때 나랑 놀아주었던 사람은 바로 ________
2. 내가 손가락이 다치면 가장 빨리 달려와서 상처를 보아주던 사람은 바로 ________
3. 내가 힘들 때 내 곁에서 힘이 되어주던 사람은 바로 ________
4. 나를 믿어주고 내가 특별한 사람이라고 느끼도록 해 준 사람은 바로 ________

5. 나에게 인격적으로 하나님을 소개해 주었던 사람은 바로 ________

진짜 모험

아래의 문장을 읽고 빈칸에 넣을 알맞은 말을 둘 중에서 골라 동그라미 치십시오. 그리고 왜 그렇게 묘사했는지 나누어 보시기 바랍니다.

"나는 '진짜 모험' 이라는 단어를 들으면

________________________ 이(가) 떠오른다."

등산하는 것	유명한 도시를 배낭여행하는 것
노아의 방주를 찾아다니는 사람	심야에 아르바이트 하는 것
국토 횡단 자전거 경주	응급실에서 사람들을 돌보는 것
나에 대해 더 잘 알게 되는 것	다른 사람에 대해 더 잘 알게 되는 것
모르는 사람들과 새로운 일을 하는 것	이미 알고 있는 사람들과 더불어 사는 것
해외 선교사가 되는 것	내가 사는 이곳에서 정의를 위해 일하는 것
팀을 이루어서 경기에서 이기는 것	나 혼자 하는 경기에서 이기는 것

진행안내 '말씀나눔'을 더욱 효과적으로 하기 위해서는 4명 정도가 적절합니다. 그래서 조원이 너무 많을 경우 '말씀나눔' 시간에 인원수를 적절히 조정하여 진행할 수 있습니다. 소그룹하우스의 성경공부 교재는 '예, 아니오'의 답이나 성경구절을 찾아 답을 써넣는 식의 폐쇄형 질문은 가능한 배제하고 있습니다.

제자로 부르심

요한복음 1:43-50

43 이튿날 예수께서 갈릴리로 나가려 하시다가 빌립을 만나 이르시되 나를 좇으라 하시니 44 빌립은 안드
레와 베드로와 한 동네 벳새다 사람이라 45 빌립이 나다나엘을 찾아 이르되 모세가 율법에 기록하였고
여러 선지자가 기록한 그이를 우리가 만났으니 요셉의 아들 나사렛 예수니라 46 나다나엘이 이르되 나
사렛에서 무슨 선한 것이 날 수 있느냐 빌립이 이르되 와 보라 하니라 47 예수께서 나다나엘이 자기에
게 오는 것을 보시고 그를 가리켜 이르시되 보라 이는 참 이스라엘 사람이라 그 속에 간사한 것이 없
도다 48 나다나엘이 이르되 어떻게 나를 아시나이까 예수께서 대답하여 이르시대 빌립이 너를 부르기
전에 네가 무화과나무 아래 있을 때에 보았노라 49 나다나엘이 대답하되 랍비여 당신은 하나님의 아들
이시요 당신은 이스라엘의 임금이로소이다 50 예수께서 대답하여 이르시되 내가 너를 무화과나무 아래서
보았다 하므로 믿느냐이보다 더 큰 일을 보리라

도입

만약 우리가 정말로 예수님의 제자가 되고 싶다면, 우리의 시각과 표준을 보통의 그리스도인이 하는 일들보다 더 높은 관점으로 바라보아야 할 필요가 있습니다. 제자가 된다는 것은 그냥 교회를 다니는 것 이상입니다. 그것은 완전한 헌신과 고도의 훈련을 의미합니다. 이것은 "제대로 믿는다는 것"을 의미합니다. 만일 우리가 정말로 예수님의 제자가 되고 싶다면, 이렇게 말해야 할 것입니다. "지금부터 하나님께서 나를 도와주실 것입니다. 예수님께서 내 인생, 내 가족, 내 미래, 내 재능, 내 꿈, 내 목표를 주관하실 것입니다."

1. 처음 보는 사람이 와서 빌립에게 "나를 따르라"고 말했을 때 빌립의 기분은 어떠했을까요?

- 우쭐해졌을 것이다.
- 당황스러웠을 것이다.
- 놀랐을 것이다.
- 어이가 없었을 것이다.
- 왠지 특별한 느낌이 들었을 것이다.
- 기타: ______________________

2. 빌립이 나다나엘에게 와서 예수님에 대해 이야기했을 때 나다나엘은 어떤 기분이었을까요? 두 가지 대립되는 느낌 중 어떤 쪽에 가까운지 성각해 보고 그 지점에 X표로 표시해 보세요.

흥분 ◁·························▷ 별다른 느낌 없음

간절한 마음 ◁·························▷ 주저함

믿음직스러움 ◁·························▷ 의심

3. 삶을 살면서 누군가를 좋아하며 따르고 싶은 마음이 들었을 때가 있었을 것입니다.

4. 나다나엘은 예수님께서 "나는 네가 무화과나무 아래 있을 때 너를 보았다."라고 말씀하셨을 때 깜짝 놀랐습니다. 이어서 예수님께서 "너는 이보다 더 큰 일을 보게 될 것이다."라고 말씀하셨을 때 그는 더욱 놀라게 되었습니다. 나다나엘은 예수님의 이런 말씀을 듣고 귀한 신앙고백을 합니다. 나다나엘의 이런 반응에 대해 당신은 어떤 느낌을 가지게 됩니까?

- 정도가 지나친 즉흥적 반응이다.
- 예수님의 능력을 깨달은 적절한 반응이라고 본다.
- 기타: ________________________

5 처음으로 삶 속에서 예수님께서 당신을 이끌고 계신다고 느낀 때가 있었다면 언제였습니까?

- 어렸을 때
- 최근에
- 세례받을 때
- 수련회에서
- 예배 시간에
- 찬양 시간에
- 기타: ________________

6. 만약 당신이 빌립처럼 예수님을 따르겠다고 결심했다면 그 계기는 무엇입니까?

- 개인적으로 성경을 공부하면서
- 내면적인 변화로 인해
- 친구의 간증을 인하여
- 설명하기 힘들다.
- 힘든 일을 겪으면서
- 세례를 통해
- 집안의 믿음 때문에
- 기타: ________________

7. 만약 나의 영적인 훈련을 운동경기에 비유한다면

지금 나는 ______________________ 중이다.

- 준비 운동을 하는
- 경기가 시작하기를 기다리는
- 경기 안내책자를 읽고 있는
- 벤치에 앉아 있는
- 열심히 경기를 하고 있는
- 부상자 명단에 올라 있는
- 휴게실에서 휴식을 취하고 있는
- 지칠 대로 지쳐 있는

8. 예수님을 따르기 위해 지금 내가 가장 노력해야 할 일이 있다면 한 가지만 선택하시고 그것을 선택한 이유를 나누어 주십시오.

- 의심으로부터의 탈출
- 영적으로 무장하는 것
- 실패했다고 느끼는 것
- 기초를 배우는 것
- 내가 믿는 바를 끝까지 포기하지 않는 것
- 지속적으로 성실하게 일하는 것
- 열정과 헌신을 더해 가는 것
- 기타: ______________________________

진행안내 아래의 두 성경구절을 생각해 보고 이 말씀에 대한 자신의 응답을 짧게 써보십시오. 만약 당신이 지금 당장 예수님께 헌신하겠다는 말을 쓸 수 없다면 다음 질문에 대한 답을 써보시기 바랍니다. "여러분은 정말로 예수님의 제자가 되기를 원합니까? 아니면 예수님을 그냥 따라다녔던 무리가 되겠습니까?" 편지는 각자가 혼자 쓰도록 하고 그런 다음에 인도자는 "자신이 쓴 것을 발표할 사람"이 있는지 물어보세요. 강요하지는 마시고 기도로 마치시기 바랍니다.

- 좁은 문으로 들어가라 멸망으로 인도하는 문은 크고 그 길이 넓어 그리로 들어가는 자가 많고 생명으로 인도하는 문은 좁고 길이 협착하여 찾는 자가 적음이니라 (마태복음 7:13-14)
- 도둑이 오는 것은 도적질하고 죽이고 멸망시키려는 것뿐이요 내가 온 것은 양으로 생명을 얻게 하고 더 풍성히 얻게 하려는 것이라 (요한복음 10:10)

사랑하는 하나님께

주님, 저는 ____________________________ 가 되고 싶습니다.

제2과

나를 사용해 주세요

주님께서 가라하시는 길은 때로 광야이기도 하고 낯선길이기도 하다.

그러나 우리는 말씀에 순종하여 떠나기로 결심해야 한다.

그때 그 길은 나아감에 따라 열린다.

02

제 2과

나를 사용해 주세요

! **진행안내** 아래 질문에 대한 대답 중에 나에게 해당되는 것을 고르세요. 처음 세 문제는 인도자가 자신의 대답을 먼저 예로 들어주세요. 마음열기는 어린아이와 같이 진행하고, 솔직하면서도 재미있게 진행하는 것이 좋습니다. 두 사람이 짝이 되어서 자신의 대답과 상대방의 대답을 비교해 보는 것도 좋습니다. 이럴 경우 함께 모였을 때 두 사람이 서로 대답이 비슷했는지 전혀 달랐는지 나누는 것이 좋을 것입니다.

1. 토요일에 나는 주로 ____________________

- 늦잠을 잡니다.
- 일찍 일어나서 방을 청소합니다.
- 영화를 봅니다.
- 아침 일찍 운동을 합니다.
- 기타 : ____________________

2. 한 가지 소원이 이루어질 수 있다면 무엇을 원하시겠습니까?

- 솔직해지고 싶습니다.
- 인기가 많았으면 좋겠습니다.
- 가족들과 사이가 좋아졌으면 좋겠습니다.
- 최신형 차를 갖고 싶습니다.
- 기타 : ______________________________

3. 나는 이럴 때가 좋습니다. 그 이유는?

- 혼자 있을 때
- 제일 친한 사람과 있을 때
- 가족들과 있을 때
- 여러 친구들과 어울릴 때
- 기타 : ______________________________

4. 아래에 제시된 6가지의 내용 중에 내가 가장 중요하게 생각하는 것들을 1위에서 6위까지 순위를 매겨 보세요. 그리고 그렇게 순위를 매긴 이유를 나누어 주십시오. (1이 가장 중요한 것이고 6이 가장 덜 중요합니다.)

- 맛있는 음식을 먹는 것 (　　)
- 전화통화 하는 것 (　　)
- 가족들과 사이가 좋아지는 것 (　　)
- 친구 또는 동료들과 영화 보러 가는 것 (　　)
- 자기계발 하는 것 (　　)
- 배울 것이 있는 사람과 대화하는 것 (　　)

진행안내 인도자는 본문에 대한 배경설명을 짧게 해주십시오. 언제 기독교인들이 예루살렘에 생겨나기 시작했는지, 얼마나 급속히 기독교인들이 증가했는지, 사람들이 얼마나 기독교인들을 증오했는지, 그들이 어떻게 핍박을 받았고 뿔뿔이 흩어졌는지에 대해서 설명해 주십시오. 사도행전 5장에 나오는 빌립과 5명의 집사에 대해 알려주세요. 그 다음에 성경을 읽으십시오.

빌립을 부르심

사도행전 8:4-8; 8:26-40

개역개정

8:4 그 흩어진 사람들이 두루 다니며 복음의 말씀을 전할새 5 빌립이 사마리아 성에 내려가 그리스도를
백성에게 전파하니 6 무리가 빌립의 말도 듣고 행하는 표적도 보고 한 마음으로 그가 하는 말을 따르
더라 7 많은 사람에게 붙었던 더러운 귀신들이 크게 소리를 지르며 나가고 또 많은 중풍병자와 못 걷
는 사람이 나으니 8 그 성에 큰 기쁨이 있더라
8:26 주의 사자가 빌립에게 말하여 이르되 일어나서 남쪽으로 향하여 예루살렘에서 가사로 내려가는 길
까지 가라 하니 그 길은 광야라 27 일어나 가서 보니 에디오피아 사람 곧 에디오피아 여왕 간다게의
모든 국고를 맡은 관리인 내시가 예배하러 예루살렘에 왔다가 28 돌아가는데 수레를 타고 선지자 이
사야의 글을 읽더라 29 성령이 빌립더러 이르시되 이 수레로 가까이 나아가라 하시거늘 30 빌립이 달
려가서 선지자 이사야의 글 읽는 것을 듣고 말하되 읽는 것을 깨닫느냐 31 대답하되 지도해 주는 사
람이 없으니 어찌 깨달을 수 있느냐 하고 빌립을 청하여 수레에 올라 같이 앉으라 하니라 32 읽는 성
경 구절은 이것이니 일렀으되 그가 도살자에게로 가는 양과 같이 끌려갔고 털 깎는 자 앞에 있는 어
린 양의 조용함과 같이 그의 입을 열지 아니하였도다 33 그가 굴욕을 당했을 때에 공정한 재판도 받
지 못하였으니 누가 그의 세대를 말하리요 그의 생명이 땅에서 빼앗김이로다 하였거늘 34 그 내시가
빌립에게 말하되 청컨대 내가 묻노니 선지자가 이 말한 것이 누구를 가리킴이냐 자기를 가리킴이냐
타인을 가리킴이냐 35 빌립이 입을 열어 이 글에서 시작하여 예수를 가르쳐 복음을 전하니 36 길 가다
가 물 있는 곳에 이르러 그 내시가 말하되 보라 물이 있으니 내가 세례를 받음에 무슨 거리낌이 있
느냐 38 이에 명하여 수레를 멈추고 빌립과 내시가 둘 다 물에 내려가 빌립이 세례를 베풀고 39 둘이

물에서 올라올새 주의 영이 빌립을 이끌어간지라 내시는 기쁘게 길을 가드로 그를 다시 보지 못하니라 [40] 빌립은 아소도에 나타나 여러 성을 지나 다니며 복음을 전하고 가이사랴에 이르니라

도입

사마라아에서 놀라운 부흥을 경험한 빌립은 주님의 명령을 따라 또 다시 떠나야만 했습니다. 핍박이 극심한 초대교회 당시의 정황에서 부흥의 현장을 뒤로 한 채 떠난다는 것은 분명히 어려운 선택이었을 것입니다.

그러나 빌립이 떠나기로 한 것은 정말 훌륭한 선택이었습니다. 주의 사자가 빌립에게 남쪽으로 가라고 말씀하였습니다. 그 길은 광야였습니다. 낯선 길이기도 했습니다. 그러나 빌립은 말씀에 순종하여 떠나기로 선택한 것입니다. 하나님께서 만약 나에게 떠나라고 하시면 힘들 것 같은지 생각해볼 필요가 있습니다.

1. 하나님께 쓰임받는다는 것은 어떤 의미일까? 정답에 가장 가깝다고 생각하는 것을 고르시고 서로 나눔을 가져보십시오.
   - 언제나 짐을 꾸려놓고 떠날 준비를 하는 것이다.
   - 내가 하고 싶은 일을 고집하는 것이다.
   - 내가 잘 이해가 되지 않아도 하나님께서 원하시는 일을 하고자 하는 것이다.
   - 하나님의 음성을 듣기 위해 먼저 말씀을 깊이 묵상하는 것이다.
   - 기타 : ______________________________

2. 만약 여러분이 빌립이었다면 하나님께 어떻게 말씀 드렸을까요?

- 그렇지만 하나님, 여기서 사역이 성공하고 있잖아요. 왜 떠나야 하죠?
- 사막으로 여행을 가라구요? 와우~ 멋진데요.
- 뭐라구요? 잘 못 알아듣겠는데요.
- 좋아요, 주님. 또 저를 괴롭히시는군요.
- 납득하기는 힘들지만 주님이 원하시는 일이라면 순종하겠습니다.
- 기타: ______________________________

3. 하나님께서 여러분을 쓰시는 데 있어서 여러분은 얼마나 하나님 앞에 마음을 열어두고 있나요? 자신이 어느 정도 하나님 앞에 마음을 열어두고 있는지를 생각한 후 '열림' 과 '닫힘' 사이의 적당한 지점에 표시를 해보세요.

열림 ____ 닫힘

4. 예수님의 제자로 산다는 것은 쉬운 일이 아닙니다. 제자가 되라는 요청을 피하고 싶을 때(혹은 이미 이런 경험이 있다면) 당신만의 방법은 무엇입니까?

- 모른다고 회피한다.
- 다른 사람들도 그 주제에 관심이 없다고 말한다.
- 나중에 이야기하자고 한다.
- 다른 사람들에게 먼저 물어보라고 한다.
- 그냥 무시한다.
- 기타: ______________________________

5. 다음 문장을 완성해서 자신의 언어로 하나님께 쓰임받는 것이 어떤 의미인지 설명해 보십시오.

> 하나님께 쓰임받는다는 것은
>
> ______________________________를 의미한다.

6. 하나님께 쓰임받는 데 있어서 여러분이 가장 두려워하는 것이 무엇인지 나누어 보십시오.

- 내가 가기 싫은 곳에 하나님께서 나를 보내시는 것
- 이방인 취급을 당하는 것
- 내가 하기 싫은 일을 해야 하는 것
- 내가 소중하게 여기는 것을 포기하라고 하시는 것
- 종교에 미친 사람이라는 소리를 듣는 것
- 기타 : ______________________________

7. 하나님께서 여러분에게 뭔가 특별한 일을 하라고 시키신 때를 기억할 수 있습니까? '예' 라고 대답할 수 있는 분이 그 특별한 일이 무엇이었는지 나누어 주십시오.

적용과 마무리

! **진행안내** 여기에는 8가지 제자도의 기본 원칙이 기록되어 있습니다. 8개의 기본 원칙 중에서 가장 점수가 낮은 항목을 찾아보십시오. 그리고 별도로 종이를 나누어 주고 종이에 이것에 대해 어떻게 생각하는지 하나님께 짧은 편지를 써보십시오. 자신이 할 수 있는 한 가지를 편지에 쓰도록 하고 이번 한 주 동안 그것을 위해 기도할 수 있도록 격려 하십시오. 더불어 가장 점수가 높은 항목을 골라서 하나님께 힘을 주신 것에 대해 감사하는 글을 쓰고 하나님과 이웃들을 섬기기 위해 이러한 힘을 어떻게 사용해야 하는지를 계획해 보십시오.

믿음: 나는 그리스도와 그분이 하시는 일에 완전히 헌신되어 있습니다. 나는 어떤 희생을 치르고라도 어디를 가든지 그리스도와 동행하기를 원합니다. 그리스도는 내 인생의 제1순위이십니다. 나는 그리스도와 함께 살기 위하여 어떤 위험이나 모험도 감수할 준비가 되어 있습니다.

1 2 3 4 5 6 7 8 9 10

선함: 나는 날마다 예수님의 삶의 태도를 따르고자 내 삶을 정결하게 하고, 나쁜 습관을 고치고, 내 우선순위와 생활방식을 점검하려고 노력합니다. 나는 하나님께서 나를 당신이 원하시는 사람으로 바꾸어 주시기를 간절히 바랍니다.

1 2 3 4 5 6 7 8 9 10

지식: 나는 하나님에 대해서 더 많이 아는 것과 그분이 내 삶에서 하기 원하시는 일을 아는 것이 매우 중요하다고 믿습니다. 나는 하루하루 기도하고 성경을 연구하는 데 시간을 투자합니다. 나는 내 인생을 향한 하나님의 의도를 알기 원하며 인격적으로 주님을 만나는 것에 대가를 지불하기 원합니다.

1 2 3 4 5 6 7 8 9 10

자기관리: 나는 내 인생 전체에 그리스도가 주인이심을 인정하며, 나의 이기적인 관심과 욕망을 포기하고자 합니다. 나는 비싼 대가를 치르고라도 주님께서 원하시는 모습을 갖추기 원하고 그 모습을 유지하기 원합니다.

1 2 3 4 5 6 7 8 9 10

인내: 나는 상황이 힘들더라도 어떻게 견뎌야 하는지를 배우고 있는 중입니다. 나는 힘든 상황에서도 견딜 수 있고 어려움을 인정하며 내가 옳다고 믿고 아는 것을 지킬 것입니다. 그렇게 사는 것이 외롭다는 것을 안다 해도 말입니다.

1 2 3 4 5 6 7 8 9 10

신실함: 나는 내 몸이 자라고 정신이 자라는 것과 마찬가지로 영혼이 자라는 것에 관심을 기울입니다. 나는 내 영혼이 매일매일 훈련을 통해 자라도록 하고 있습니다. 나는 다른 사람들이 내가 그리스도인이라는 사실을 아는 것을 부끄러워하지 않습니다. 내가 어디에 있든지 나는 내 삶의 중심을 그리스도에게 드리려고 할 것입니다.

1 2 3 4 5 6 7 8 9 10

형제애: 나는 나를 필요로 하는 가족과 친구들을 돕습니다. 나는 힘든 일을 겪고 있는 이웃에게 다가갑니다. 나는 오해를 풀고, 누가 나에게 오 리를 가자고 하면 십 리를 가줄 것이며, 좋은 점을 칭찬함으로써 다른 사람들을 세워줄 것입니다.

1 2 3 4 5 6 7 8 9 10

사랑: 나는 하나님의 사랑의 도구로써 예수 그리스도가 자신을 나에게 주신 것과 똑같은 방식과 깊이로 사람들에게 다가가서 어루만져 주고 돌보아 주고 내가 가진 것을 나누어 주겠습니다.

1 2 3 4 5 6 7 8 9 10

제3과

대표선수

충고를 받아들이고자 하는 사람은 건설적인 비판을 새겨듣고 자신을 가다듬는다.

03

제 3과

대표선수

진행안내 당신의 그룹에는 아마도 당신보다 어떤 면에서 뛰어난 사람들이 있을 것입니다. 그리고 당신 역시 다른 사람보다 어떤 점에서 더 뛰어난 부분을 가지고 있을 것입니다. 우리는 함께 서로가 여러 가지 면에서 더 나아지도록 서로를 도울 수 있습니다. 우선, 왼쪽 칸에 여러분이 속한 그룹의 멤버들의 이름을 써주십시오. 그리고 각각의 이름 옆에 그 사람의 뛰어난 점과 여러분이 그 사람에게 배우고 싶은 점을 써보십시오. 풍선을 남들보다 잘 부는 사람이 있는가 하면 수학에서 백점만 맞는 사람이 있을 수도 있고, 또 주변의 친구들과 사이좋게 지내는 좋은 점을 가진 사람이 있을 것입니다.

이 름	뛰어난 점, 배우고 싶은 점
예) 민기	예) 글씨를 잘 쓴다.
예) 소영	예) 테니스를 잘 친다.
1.	
2.	
3.	
4.	
5.	
6.	
7.	

모두 작성되었으면 함께 나누어 보시기 바랍니다.

! **진행안내** '말씀나눔' 시간은 말씀을 통해 자신의 생각과 삶을 조명해 보는데 주안점이 맞추어져 있습니다. 말씀을 통하여 자신의 잘못된 신앙이 있다면 바로잡고 부족한 부분이 있다면 공급을 받을 수 있어야 합니다. 너무 지나친 교리적 접근이나 너무 가벼운 신변잡기로 치우치지 않도록 하는 것이 중요합니다. 말씀나눔의 시간도 적당한 안배가 되어야 하는데 전체 시간에 맞추어 시간을 잘 안배하여 주십시오.

따를 것인가 말 것인가

마가복음 10:17-22, 요한복음 1:35-39

개역개정

막10:17 예수께서 길에 나가실새 한 사람이 달려와서 꿇어 앉아 묻자오되 선한 선생님이여 내가 무엇을 하
여야 영생을 얻으리이까 18예수께서 이르시되 네가 어찌하여 나를 선하다 일컫느냐 하나님 한 분 외에

는 선한 이가 없느니라 19네가 계명을 아나니 살인하지 말라, 간음하지 말라, 도둑질하지 말라, 거짓 증
언 하지 말라, 속여 빼앗지 말라, 네 부모를 공경하라 하였느니라 20그가 여짜오되 선생님이여 이것은
내가 어려서부터 다 지켰나이다 21예수께서 그를 보시고 사랑하사 이르시되 네게 아직도 한 가지 부족
한 것이 있으니 가서 네게 있는 것을 다 팔아 가난한 자들에게 주라 그리하면 하늘에서 보화가 네게
있으리라 그리고 와서 나를 따르라 하시니 22그 사람은 재물이 많은 고로 이 말씀으로 인하여 슬픈 기
색을 띠고 근심하며 가니라

요 1:35 또 이튿날 요한이 자기 제자 중 두 사람과 함께 섰다가 36예수께서 거니심을 보고 말하되 보라 하
나님의 어린 양이로다 37두 제자가 그의 말을 듣고 예수를 따르거늘 38예수께서 돌이켜 그 따르는 것을
보시고 물어 이르시되 무엇을 구하느냐 이르되 랍비여 어디 계시오니이까 하니 [랍비는 번역하면 선생
이라] 39예수께서 이르시되 와서 보라 그러므로 그들이 가서 계신 데를 보고 그 날 함께 거하니 때가
열 시쯤 되었더라

도입

충고를 받아들이고자 하는 사람은 건설적인 비판을 새겨듣고 자신을 가다듬습니다. 당신이 농구선수라고 가정해 보십시오. 코치가 당신의 플레이에 심각한 문제가 있음을 알게 되었습니다. 그는 아마도 이렇게 말할 것입니다. "몸을 더 낮춰. 무릎을 더 굽히고 발을 더 빨리 움직이란 말이야." 웹스터 사전은 '코치하다'라는 단어를 다음과 같이 정의하고 있습니다: "가르치고, 지시하고, 훈련시키고 길들이다." 성경은 '코치하는 것'과 '배우는 자세'를 갖추어야 할 것을 강력히 권고하고 있습니다.

1. 위의 두 말씀에 등장하는 두 사람(젊은 부자, 예수님의 제자 안드레)은 각각 어떤 사람이었다고 생각됩니까?

- 무책임한 사람이었다.
- 속이 좁고 자기 기준에만 충실한 사람이었다.
- 착한 척하는 사람이었다.
- 고상한 기준을 추구하는 선한 사람이었다.
- 기타:______________________________

2. 젊은 부자는 질문을 가지고 예수님을 찾아왔지만 진정으로 배우고자 하는 마음은 없었습니다. 그러나 안드레와 그의 친구는 진리를 배우고 진리대로 살고자 하는 마음이 있었습니다. 젊은 부자와 안드레 사이에 차이점을 생각나는 대로 두 가지를 써보십시오

젊은 부자	안드레와 그의 친구
1.	1.
2.	2.

3. 예수님을 만나고 나서 이들의 삶은 어떻게 되었을까요? '변화가 없었다'와 '완전히 변했다' 사이에서 적당한 지점을 찾아 표시해 보세요.

젊은 부자 청년은 예수님을 만나고서:

변화가 없었다 ◁ ························ ▷ 완전히 변했다

안드레와 그의 친구는 예수님을 만나고서:

변화가 없었다 ◁ ························ ▷ 완전히 변했다

4. 여러분이 예수님을 만난 경험을 생각해 볼 때, 여러분은 젊은 부자와 안드레 중 누구와 비슷합니까? (선 위에 적당한 지점에 표시하세요)

부자와 비슷하다 ◁┈┈┈┈┈┈┈┈┈┈┈┈┈┈┈┈┈┈┈┈┈┈┈▷ 안드레와 비슷하다

5. 당신은 영적인 일에 관해서 얼마나 배우고 따를 준비가 되어 있습니까?

- 완전히 준비되었다.
- 꽤 많이 준비되었다.
- 예전보다는 많이 준비되었다.
- 내가 원하는 만큼은 아니다.
- 다음에 대답하겠다.

6. 만일 여러분의 인생에서 하나님에 대해 좀더 배우고자 했던 '전환점'이 있었다면 그 때는 언제습니까?

7. 여러분의 친구 가운데 '부자 청년'과 같은 친구가 있다면 그에게 도움이 될 만한 말로 무슨 이야기를 하시겠습니까?

"너는 ______________________________이 좋겠어."

진행안내 각자가 스스로 문제를 풀도록 하고 자원하여 자신의 답을 발표하도록 해주세요. 그리고 각 사람이 짧게 한 문장씩 기도하고 다치시기 바랍니다.

1. 다음 문장에 대한 당신의 의견은 어떻습니까?

"하나님께서는 당신이 세우신 사람들(부모, 권세자, 윗사람)을 통하여 우리의 삶 가운데서 자신의 목적을 이루신다." 참고(엡6:1, 롬13:1, 골3:22)

동의한다 ◁ ·································· ▷ 동의하지 않는다

2. 자신이 권위에 복종하기 가장 어려운 분야를 찾아보고 이번 주에 그 문제를 해결하기 위해 할 수 있는 일을 한 가지 적어 보십시오.

나는 권위에 복종하는 이 문제를 해결하기 위해서 __________ 에게 조언을 구할 것이고 이번 주에 ______________________________ 함으로써 이 문제를 해결하려고 노력하겠습니다.

3. 여러분의 삶에서 이외에도 변했으면 좋겠다고 생각하는 부분이 있습니까?

(운동, 취미, 관계, 하나님께 헌신 등)

각 부분에서 여러분을 도와줄 수 있는 사람을 찾아서 조언을 구하십시오. 마음을 열고 배우고자 노력하십시오. 충고를 받아들이고, 권위에 복종하고, 변화를 받아들이고자 하는 태도는 하나님께서 기뻐하시는 일이라는 사실을 잊지 마십시오.

제4과

능력 있게 살기

하나님께서는 우리가 영적인 힘을 갖추기 원하시며,
앞으로 달려갈 경주에 준비하기를 바라시는 분이다.

04

제 4 과

능력 있게 살기

진행안내 감리교의 창시자인 존 웨슬리는 주중 모임을 "당신의 영혼은 어떤 상태인가?"라는 질문으로 시작했습니다. 여러분은 이 질문에 어떻게 대답하시겠습니까? 이제 자신의 영적인 상태를 다음 중 한 가지를 통해 설명해 보십시오.

1. 한 가지 색깔을 선택하여 자기의 영적 상태를 설명해 보십시오.

<예>

"나는 밝은 주황색이 떠오릅니다. 그 이유는 하나님이 내가 여기까지 오도록 모든 것을 간섭하 시고 돌보셨음을 알며 거기에 감사하기 때문입니다."

2. 날씨로 설명해 보십시오.

<예>

"나는 흐리다고 느끼는데, 그 이유는 내가 해결할 수 없는 문제에 봉착했기 때문입니다."

3. 1에서 10까지의 숫자 중 하나를 선택합니다.
1은 감정의 최저 상태, 10은 최고 상태로 간주합니다.

<예>

"오늘 나의 감정 지수는 7인데
그 이유는_____________________때문입니다."

말씀나눔

진행안내 '말씀나눔' 시간은 말씀을 통해 자신의 생각과 삶을 조명해 보는데 주안점이 맞추어져 있습니다. 말씀을 통하여 자신의 잘못된 신앙이 있다면 바로잡고 부족한 부분이 있다면 공급을 받을 수 있어야 합니다. 너무 지나친 교리적 접근이나 너무 가벼운 신변잡기로 치우치지 않도록 하는 것이 중요합니다. 말씀나눔의 시간도 적당한 안배가 되어야 하는데 전체 시간에 맞추어 시간을 잘 안배하여 주십시오

다니엘과 사자굴

다니엘 6:3-23

개역개정

3 다니엘은 마음이 민첩하여 총리들과 고관들 위에 뛰어나므로 왕이 그를 세워 전국을 다스리게 하고자
한지라 4 이에 총리들과 고관들이 국사에 대하여 다니엘을 고발할 근거를 찾고자 하였으나 아무 근거,
아무 허물도 찾지 못하였으니 이는 그가 충성되어 아무 그릇됨도 없고 아무 허물도 없음이었더라 5 그
들이 이르되 이 다니엘은 그 하나님의 율법에서 근거를 찾지 못하면 그를 고발할 수 없으리라 하고 6
이에 총리들과 고관들이 모여 왕에게 나아가서 그에게 말하되 다리오 왕이여 만수무강 하옵소서 7 나라
의 모든 총리와 지사과 총독과 법관과 관원이 의논하고 왕에게 한 법률을 세우며 한 금령을 정하실 것
을 구하나이다 왕이여 그것은 곧 이제부터 삼십일 동안에 누구든지 왕 외에 어떤 신에게나 사람에게
무엇을 구하면 사자 굴에 던져 넣기로 한 것이니이다 8 그런즉 왕이여 원하건대 금령을 세우시고 그 조
서에 왕의 도장을 찍어 메대와 바사의 고치지 아니하는 규례를 따라 그것을 다시 고치지 못하게 하옵
소서 하매 9 이에 다리오 왕이 조서에 왕의 도장을 찍어 금령을 내니라 10 다니엘이 이 조서에 왕의 도
장이 찍힌 것을 알고도 자기 집에 돌아가서는 윗 방에 올라가 예루살렘으로 향한 창문을 열고 전에 하
던 대로 하루 세 번씩 무릎을 꿇고 기도하며 그의 하나님께 감사하였더라 11 그 무리들이 모여서 다니엘
이 자기 하나님 앞에 기도하며 간구하는 것을 발견하고 12 이에 그들이 나아가서 왕의 금령에 관하여 왕
께 아뢰되 왕이여 왕이 이미 금령에 왕의 도장을 찍어서 이제부터 삼십일 동안에 누구든지 왕 외에 어
떤 신에게나 사람에게 구하면 사자 굴에 던져 넣기로 하지 아니하였나이까 하니 왕이 대답하여 가로되

이 일이 확실하니 메대와 바사의 고치지 못하는 규례니라 한지라 13 그들이 왕 앞에서 말하여 이르되
왕이여 사로잡혀 온 유다 자손 중에 다니엘이 왕과 왕의 도장이 찍힌 금령을 존중하지 아니하고 하루
세 번씩 기도하나이다 하니 14 왕이 이 말을 듣고 그로 말미암아 심히 근심하여 다니엘을 구원하려고
마음을 쓰며 그를 건져내려고 힘을 다하다가 해가 질 때에 이르렀더라 15 그 무리들이 또 모여 왕에게
로 나아와서 왕께 말하되 왕이여 메대와 바사의 규례를 아시거니와 왕의 세우신 금령과 법도는 고치지
못할 것이니이다 하니 16 이에 왕이 명령하매 다니엘을 끌어다가 사자 굴에 던져 넣는지라 왕이 다니엘
에게 이르되 네가 항상 섬기는 너의 하나님이 너를 구원하시리라 하니라 17 이에 돌을 굴려다가 굴 어귀
를 막으매 왕이 그의 도장과 귀족들의 도장으로 봉하였으니 이는 다니엘에 대한 조치를 그치지 못하게
하려 함이었더라 18 왕이 궁에 돌아가서는 밤이 새도록 금식하고 그 앞에 오락을 그치고 잠자기를 마다
하니라 19 이튿날에 왕이 새벽에 일어나 급히 사자 굴로 가서 20 다니엘의 든 굴에 가까이 이르러서 슬피
소리질러 다니엘에게 묻되 살아계시는 하나님의 종 다니엘아 네가 항상 섬기는 네 하나님이 사자들에
게서 능히 너를 구원하셨느냐 21 다니엘이 왕에게 아뢰되 왕이여 원하건대 왕은 만수무강 하옵소서 22
나의 하나님이 이미 그의 천사를 보내어 사자들의 입을 봉하셨으므로 사자들이 나를 상해하지 못하였
사오니 이는 나의 무죄함이 그 앞에 명백함이오며 또 왕이여 나는 왕에게도 해를 끼치지 아니하였나이
다 하니라 23 왕이 심히 기뻐서 명하여 다니엘을 굴에서 올리라 하매 그들이 다니엘을 굴에서 올린즉
그의 몸이 조금도 상하지 아니하였으니 이는 그가 자기 하나님을 믿음이었더라

도입

하나님께서는 우리가 감당할 수 없는 시련은 주지 않으십니다. 이는 성경말씀이 약속하고 있는 바입니다. 그러나 하나님께서는 우리가 영적인 힘을 "갖추기" 원하시며, 앞으로 달려갈 경주에 "준비하기"를 바라시는 분입니다.

1. 다니엘은 왕의 총애를 받고, 전국을 다스리는 권한을 위임 받았습니다. 그러나 이런 상황을 달가워 할리없는 총리와 방백들은 다니엘을 함정에 빠뜨리고자 계략을 꾸밉니다. 삶의 여정 가운데 의롭고 바르게 살아가는데도 불구하고 모함을 받은 적이 있다면 멤버들과 그 때의 상황에 대해서 나눔을 가져 보십시오.

- 언제 :
- 상황 :
- 그 때의 기분 :

2. 다니엘이 가진 성품의 강점은 언제나 '신실하다' 는 점이었습니다. 다니엘의 신실함이 만들어낸 결과가 어떠했을지 다음의 각 부분에 대해서 나누어 보십시오.

- 왕에게 ______________________
- 대신들에게 ______________________
- 국가의 정책에 ______________________
- 유대인들에게 ______________________
- 본인 자신에게 ______________________

3. 만일 내가 사자굴에 던져지기 전의 다니엘이었더라면, 나는 ______________.

- 도움을 요청했을 것이다.
- 가까운 사람들의 충고를 들었을 것이다.
- 타협하려고 했을 것이다.
- 놀라서 기절했을 것이다.
- 다니엘과 똑같이 했을 것이다.
- 다니엘처럼 하고 싶어 하면서도 용기를 내지 못했을 것이다.
- 기타:______________________________

4. 당신이 세상 속에서 삶을 사는 데 있어서 신실하고자 할 때 당신을 방해하는 것들에는 어떤 것이 있습니까?

- TV를 너무 많이 보는 것
- 맛있는 것을 지나치게 탐하는 것
- 놀기 좋아하는 것
- 게으름
- 미루는 버릇
- 쉽게 거짓말 하는 것(표리부동)
- 기타:______________________________

5. 당신이 신실해지는 것을 돕는 방법에는 어떤 것들이 있을지 나누어 보십시오.
(주어진 보기에서 두 개를 고르고 '기타' 란에 하나를 각자 더 써보시기를 바랍니다.)

- 신실하다고 생각되는 사람에게 자신의 영적인 상태를 정기적으로 점검해 달라고 부탁한다.
- 신실해지게 해달라고 하나님께 기도드린다.
- 하나님의 말씀을 읽기 위해 매일 일정한 시간을 투자한다.
- 신실한 그리스도인들과 함께 시간을 보낸다.
- 기타: ______________________________

6. 믿음에는 다음과 같은 세 가지 특징이 있습니다.

확신: 실제적인 증거에 의해 증명되는 사실을 받아들이는 것(지적 동의)

신뢰: 신앙의 대상에 대한 확고한 믿음(감정적 수용)

행동: 개인적으로 신앙을 받아들인 대로 살고자 힘쓰는 것(의지적 결단)

하나님을 향해 신실한 믿음을 가지기 위해서 지금 나에게 요청되는 것이 있다면 무엇입니까?

- 확신
- 신뢰
- 행동

진행안내 히11:6 말씀을 찾아 읽은 후 우리가 매일마일 하는 '일상적인' 일들을 떠올려 보십시오. 우리는 매일 많은 일을 믿으면서 살고 있습니다. 그리고 아래의 질문에 대하여 '예, 아니오' 로 대답해 보십시오. 그리고 각 사람의 믿음을 위해 함께 기도한 후 마치시기 바랍니다.

- 당신이 매일 마시는 물에 대해 의심한 적이 있습니까? ( )
- 식당에서 음식을 먹을 때 요리사나 주방을 확인하고 먹습니까?( )
- 다리를 건널 때 차에서 내려서 다리가 튼튼한지 확인하고 건넙니까?( )
- 비행기를 타고 외국에 나갈 때, 비행기를 조사하고 비행기 조종사의 자격증을 확인하고 비행기를 탑니까?( )

1. 당신이 예수님을 믿는 것이 비행기, 다리, 물, 음식점의 음식을 믿는 것보다 더 어려운 일입니까? 그렇다면 왜 그렇습니까? / 아니라면 왜 그렇지 않습니까?

2. 여러분이 믿음의 발걸음을 마지막으로 내딛은 때가 언제입니까? 그 때 무슨 일이 일어났습니까? 여러분이 이번 주에 내딛어야 할 믿음의 발걸음은 무엇입니까?

인도자님께

이 과를 마친 후에 인도자들은 어떤 사람이 예수님의 제자가 되고 싶어하며 어떤 사람은 그렇지 않은지를 알 수 있을 것입니다. 예수님의 제자가 되고 싶어하는 사람을 개인적으로 만나서 그 사람의 신앙이 성숙하는데 도움이 될 만한 지침을 가르쳐 주시고, 도움이 필요한 부분을 물어본 후 도와주십시오. 예수님의 제자가 되기를 원하지 않는 사람을 개인적으로 만나서 격려해 주시면 좋겠습니다. 이번 주를 "만남의 주간"으로 정해 보십시오.

제5과

영적 영양소

제대로 된 영적 식단에 꼭 필요한 세 가지 메뉴는

기도와 말씀과 교제이다.

05

제5과

영적 영양소

진행안내 아래의 문장을 완성하십시오. 필요하다면 설명을 덧붙여도 됩니다. 인도자는 각각의 질문에 대해 순서를 정하지 말고 가능하면 한 사람도 빠짐없이 돌아가면서 대답하도록 해주십시오.

1. 내가 가장 좋아하는 음식은 ____________________

2. 내가 가장 좋아하는 음식점은 ____________________

3. 내가 가장 좋아하는 후식은 ____________________

4. 나의 식사량은 절대 ____________________의 선을 넘지 않는다.

5. 만약 내가 전세계 어느 곳에서나 식사할 수 있다면 나는 ____________________ 에서 식사를 하겠다.

6. 야식을 먹는 것에 대한 나의 의견은 ____________________이다.

7. 처음으로 데이트 하는 날, 나는 ____________________에서 밥을 먹을 것이다.

8. 정말로 소중한 사람과 함께라면 나는 그를 ____________________로 데려가겠다.

9. 뭔가 색다른 것을 주문하라면, 나는 ____________________를 주문하겠다.

10. 내가 올해 우리 가족과 같이 먹은 것 중에 제일 맛있었던 것은 ______________ 이었다.

11. 내가 이제까지 먹어본 음식 중에 가장 맛이 없었던 음식은 ______________이다.

12. 음식 중에서 내 성격을 가장 잘 나타내는 음식은 ____________________이다.

진행안내 인도자는 다음과 같은 질문으로 시작해 보세요. "기독교인으로서의 여정에 있어서 왜 영적인 영양소가 중요할까요?", "여러분은 이 세 가지 영적인 영양소에 대해 어떻게 생각하세요?", "여러분은 어떻게 이 세 가지 영양소를 골고루 섭취할 수 있을까요?"

기도와 말씀실천과 교제

시1:1-6, 야고보서 1:22-25, 마태복음 6:5-13, 사도행전 2:41-42, 46-47

개역개정

시 1:1 복 있는 사람은 악인들의 꾀를 따르지 아니하며 죄인들의 길에 서지 아니하며 오만한 자들의 자리
에 앉지 아니하고 2 오직 여호와의 율법을 즐거워하여 그의 율법을 주야로 묵상하는 도다 3 그는 시냇
가에 심은 나무가 철을 따라 열매를 맺으며 그 잎사귀가 마르지 아니함 같으니 그가 하는 모든 일이
다 형통하리로다 4 악인들은 그렇지 않음이여 오직 바람에 나는 겨와 같도다 5 그러므로 악인들은 심
판을 견디지 못하며 죄인들이 의인들의 모임에 들지 못하리로다 6 무릇 의인들의 길은 여호와께서 인
정하시나 악인들의 길은 망하리로다

약 1:22 너희는 말씀을 행하는 자가 되고 듣기만 하여 자신을 속이는 자가 되지 말라 23 누구든지 말씀을
듣고 행하지 아니하면 그는 거울로 자기의 생긴 얼굴을 보는 사람과 같아서 24 제 자신을 보고 가서 그
모습이 어떠했는지를 곧 잊어버리거니와 25 자유하게 하는 온전한 율법을 들여다보고 있는 자는 듣고
잊어버리는 자가 아니요 실천하는 자니 이 사람은 그 행하는 일에 복을 받으리라

마 6:5 또 너희는 기도할 때에 외식하는 자와 같이 하지 말라 그들은 사람에게 보이려고 회당과 큰 거리
어귀에 서서 기도하기를 좋아하느니라 내가 진실로 너희에게 이르노니 그들은 자기 상을 이미 받았느
니라 6 너는 기도할 때에 네 골방에 들어가 문을 닫고 은밀한 중에 계신 네 아버지께 기도하라 은밀한
중에 보시는 네 아버지께서 갚으시리라 7 또 기도할 때에 이방인과 같이 중언부언하지 말라 그들은 말
을 많이 하여야 들으실 줄 생각하느니라 8 그러므로 그들은 본받지 말라 구하기 전에 너희에게 있어야

할 것을 하나님 너희 아버지께서 아시느니라 [9] 그러므로 너희는 이렇게 기도하라 하늘에 계신 우리 아버지여 이름이 거룩히 여김을 받으시오며 [10] 나라이 임하시오며 뜻이 하늘에서 이루어진 것같이 땅에서도 이루어지이다 [11] 오늘 우리에게 일용할 양식을 주옵시고 [12] 우리가 우리에게 죄 지은 자를 사하여 준 것같이 우리 죄를 사하여 주시옵고 [13] 우리를 시험에 들게 하지 마시옵고 다만 악에서 구하시옵소서 나라와 권세와 영광이 아버지께 영원히 있사옵나이다 아멘

행 2:41 그 말을 받는 사람들은 세례를 받으매 이날에 신도의 수가 삼천이나 더하더라 [42] 그들이 사도의 가르침을 받아 서로 교제하며 떡을 떼며 오로지 기도하기를 힘쓰니라 [46] 날마다 마음을 같이하여 성전에 모이기를 힘쓰고 집에서 떡을 떼며 기쁨과 순전한 마음으로 음식을 먹고 [47] 하나님을 찬미하며 또 온 백성에게 칭송을 받으니 주께서 구원 받는 사람을 날마다 더하게 하시니라

도입

좋은 식단은 건강에 매우 중요합니다. 영적인 생활에 있어서는 특히 그러합니다. 제대로 된 영적인 식단에는 세 가지 메뉴가 꼭 필요합니다. 첫째는 기도이고, 둘째는 성경말씀 묵상과 실천이며, 셋째는 친교입니다.

1. 복있는 사람의 특징은 “악인의 꾀를 좇지 않고, 죄인의 길에 서지 않으며 오만한 자의 자리에 앉지 않는 것”입니다. 여기에 더하여 “오로지 여호와 하나님의 율법을 즐거워하고, 밤낮으로 묵상하는 특징”을 가지고 있습니다. 시편기자가 언급하고 있는 복있는 사람의 네 가지 특징 가운데 당신이 특히 추구하고 싶은 것은 무엇입니까?

2. 시편기자는 형통함의 비결을 "하나님의 율법을 주야로 묵상하는 자"라고 기록하고 있습니다. 하나님의 율법을 집중력 있게 묵상하는 것에 대한 당신의 태도를 아래의 선 위에서 적당한 위치에 표시하고 그렇게 표시한 이유를 나누어 주십시오.

매우나쁨 ———————————————————————— 매우좋음

3. 두 번째 성경말씀의 저자인 야고보는 성경말씀에 대한 두 가지 반응(듣기만 함과 실행함)이 있다고 말하고 있습니다. 이 두 가지 반응 가운데 당신의 삶은 어느 쪽에 가깝습니까? 대답하신 후 그렇게 대답한 이유를 나누어 주십시오.

4. 삶 속에서 말씀을 듣거나 읽고 그 내용을 실천했을 때 얻었던 유익(복)이 있었다면 나누어 주십시오.

5. 아래의 역할극을 할 세 사람이 필요합니다. 세 사람이 자원하셔서 역할극을 진행해 주십시오.

당신은 예루살렘 신문에서 일하는 기자입니다. 편집장이 당신에게 예수님의 가르침을 인간적인 측면에서 다루는 기사를 쓰라고 했습니다. 당신은 우연히 예수님이 마태복음 6장 5절 이하에서 묘사했던 바로 그 바리새인을 만났고 예수님이 말하는 것을 듣게 되었습니다. 이제 기사를 쓰기 위해 당신은 바리새인, 예수님, 그리고 바리새인을 보고 예수님이 말하는 것을 들은 구경꾼 한 사람을 취재할 것입니다

바리새인에게: (조원 중 한 사람에게 바리새인 역할을 해달라고 부탁하세요)

- "실례합니다만, 당신의 직업이 무엇입니까?"
- "왜 당신은 이 일을 하고 있습니까?"
- "당신은 기도를 통해 무엇을 이루고 싶습니까?"

구경꾼에게: (조원 중 한사람에게 구경꾼 역할을 해달라고 부탁하세요)

- "실례하겠습니다. 당신이 지금 여기서 본 것을 좀 말씀해 주시겠습니까?"
- "당신은 바리새인에게 감동을 받았습니까?"
- "당신은 예수님의 말에 감동을 받았습니까?"

예수님에게: (조원 중 한 사람에게 예수님 역할을 해달라고 부탁하세요)

- "왜 당신은 기도할 때에 '하늘에 계신 우리 아버지여' 라는 말로 기도를 시작합니까?"
- "이 땅에서 이루어져야 할 아버지의 뜻이 무엇입니까?"
- "그리고 그 아버지의 뜻은 어떻게 발견할 수 있습니까?"
- "당신은 정말로 하나님께 용서를 받기 위해서 남들을 용서합니까?"

♥ 팁

기도에는 4단계가 있습니다. 이 4단계를 쉽게 기억하기 위한 단어를 소개하겠습니다.

"감기경고"

감사: 나와 이웃들에게 하나님께서 하신 일에 대해 감사하는 것

기원: 다른 사람들의 필요에 대해 하나님께 간구하는 것

경배: 하나님이 어떤 분이신가에 대해 찬양하고 감사하는 것

고백: 우리가 죄를 지었을 때 하나님의 말씀에 동의하는 것

6. 초대교회 성도들은 왜 '모든 사람들과 함께 있는 것' 을 즐거워했을까요?

- 그들이 너무 행복한 사람들로 보였기 때문에
- 그들이 지하에 모여서 항상 즐거운 게임을 하고 있었기 때문에
- 그들이 공짜로 밥을 주니까
- 그들이 서로 상처받은 것을 나누면서 치유와 회복을 경험했기 때문에
- 깊이 있는 기도를 통해 응답받는 기쁨을 가졌기 때문에
- 기타 : ____

7. 초대교회 성도들이 했던 교제를 여러분의 말로 한 단어나 한 문장으로 표현해 보세요.

<예> 유무상통했다. , 삶을 나누었다.

____

8. 그리스도인들의 교제의 가장 중요한 목적이 무엇이라고 생각합니까?

- 의무감
- 하나님께 칭찬 듣기 위해서
- 용기를 얻기 위해서
- 다른 사람들에게 배우기 위해
- 필요한 것을 얻기 위해서
- 기타:______________

9. 당신이 지금 함께 진행하고 있는 소그룹 내에서 풍성하고 깊이 있는 교제를 하기 위해 더욱 노력해야 할 일이 있다면 무엇입니까?

- 마음을 활짝 열어 젖히는 것
- 서로를 위해 더 깊이 기도하는 것
- 말씀에 집중하는 것
- 구성원들의 필요를 채우는 것
- 기타:____________________

진행안내 만약 여러분이 조를 위해 한 가지를 간구한다면 어떤 것을 구하겠습니까? 각자 아래의 문장을 완성하고 간구한 것을 기도시간에 말하도록 하세요.

1. "내가 우리 조를 위해 하나님께 한 가지를 구할 수 있다면 저는 __________을 구하겠습니다."

방금 구한 것을 이루기 위해 하나님께서 지금 우리에게 요구하시는 것은 무엇일까요? 아래의 성경말씀을 묵상하고 하나님께서 여러분에게 원하시는 것이 무엇인지를 열 개 정도의 단어를 사용해서 적어 보세요.

<예> 나눔, 기도

____

롬 12:1 그러므로 형제들아 내가 하나님의 모든 자비하심으로 너희를 권하노니 너희 몸
을 하나님이 기뻐하시는 거룩한 산 제물로 드리라 이는 너희가 드릴 영적 예배니라
롬 12:2 너희는 이 세대를 본받지 말고 오직 마음을 새롭게 함으로 변화를 받아 하나님의
선하시고 기뻐하시고 온전하신 뜻이 무엇인지 분별하도록 하라
(로마서 12:1-2)

2. (다음 문장을 완성하세요) 영적인 영양소(말씀, 기도, 교제)를 충분히 섭취하기 위해, 우리 조원들이 저를 ____________________한 부분에서 도와주면 좋겠습니다.

제6과

도전, 하나님의 일꾼!

우리는 그리스도의 대사이다.

우리는 대사로서 사람들에게 긍정적인 영향력을 미쳐야 한다.

06

제6과

도전, 하나님의 일꾼!

! **진행안내** 조용히 아래의 빈칸을 채워보십시오. 물론 조용한 가운데 진행해야 합니다. 그리고 멤버들에게 먼저 인도자에 대해 어떻게 썼는지 물어본 후에 나머지 멤버들에 대하여도 확인합니다. 왜 그 사람이 그렇게 될 것 같은지도 물어보십시오. 한 사람이 자신의 답을 다 발표하면 다음 사람으로 넘어가면 됩니다. 아래에 이상한 예언들이 있습니다. 빈칸에 가장 어울릴 것 같은 사람의 이름을 써보십시오.

우리 소그룹 구성원 가운데 다음의 역할에 적합한 인물은?

____________는(은) 최초의 여자 대통령감이야.

____________는(은) 어떤 조직에서든지 짱이 될 사람이야.

____________는(은) 로또에 당첨될 것 같애.

____________는(은) 박찬호 선수같은 유명한 운동선수가 될 사람이야.

____________는(은) 환경 보호운동가가 될 가능성이 있어.

__________는(은) 자전거를 타고 전국일주를 하게 될거야.

__________는(은) 중고 컴퓨터 활용법을 발명했대.

__________는(은) 패션쇼의 모델이야.

__________는(은) 부동산 대여 사업으로 부자가 될거야.

__________는(은) 방송작가래.

__________는(은) 신문에 연애상담칼럼을 인기리에 연재 중일 거야.

__________는(은) 높이뛰기 세계신기록 보유자가 될거야.

__________는(은) 유명한 영화제에서 상을 받은 인기 영화배우가 될거야.

__________는(은)________________________

진행안내 "그리스도는 어떻게 죽었는가?", "그는 왜 죽었는가?", "화해란 무슨 말인가?"(이해가 가지 않는 용어가 있다면 인도자는 미리 조사해 두어야 합니다), "왜 우리는 하나님으로 인하여 친구가 될 수 있었는가?", "새로운 피조물이 된다는 것은 무슨 뜻인가?" 인도자는 상기 한 문제들에 대해 서로의 생각을 말할 수 있게 하고 목록을 작성해 보십시오.

하나님이 주신 직책

고린도후서 5:14, 17-18; 5:15; 5:18-20

개역개정

고후 5:14 그리스도의 사랑이 우리를 강권하시는도다 우리가 생각건대 한 사람이 모든 사람을 대신하여 죽
었은즉 모든 사람이 죽은 것이라 17 그런즉 누구든지 그리스도 안에 있으면 새로운 피조물이라 이전 것
은 지나갔으니 보라 새 것이 되었도다 18 모든 것이 하나님께로서 났으며 그가 그리스도로 말미암아 우

리를 자기와 화목하게 하시고 또 우리에게 화목하게 하는 직분을 주셨으니

고후 5:15 그가 모든 사람을 대신하여 죽으심은 살아있는 자들로 하여금 다시는 그들 자신을 위하여 살지 않고 오직 그들을 대신하여 죽었다가 다시 살아나신 이를 위하여 살게 하려 함이니라

고후 5:18 모든 것이 하나님께로서 났으며 그가 그리스도로 말미암아 우리를 자기와 화목하게 하시고 또
우리에게 화목하게 하는 직분을 주셨으니
19 곧 하나님께서 그리스도 안에 계시사 세상을 자기와 화목하게 하시며 그들의 죄를 그들에게 돌리지 아니하시고 화목하게 하는 말씀을 우리에게 부탁하셨느니라
20 그러므로 우리가 그리스도를 대신하여 사신이 되어 하나님이 우리를 통하여 너희를 권면하시는 것 같이 그리스도를 대신하여 간청하노니 너희는 하나님과 화목하라

도입

"삶 속에서 여러분이 만난 대사가 있다면 누구입니까?", "대사가 된다는 것은 무엇을 의미할까요?", "여러분은 대사가 되어본 적이 있나요?", "만약 대사가 되어본 적이 있다면 그것은 나에게 영향을 미칩니까, 아니면 다른 사람들에게 영향을 미칩니까?" 이런 질문들을 진지하게 던져 보아야 할 것입니다.

1. 하나님께서는 예수 그리스도의 희생으로 인하여 "우리를 당신과 화목하게 해주셨습니다." '화목하게 하다' 는 말씀이 어떤 의미로 다가옵니까?
   - 다른 누구보다도 위대하고 훌륭해지는 것
   - 하나님과의 관계를 회복하는 것
   - 힘들었던 마음이 행복해지는 것
   - 하나님에 대해 좀더 잘 알게 되는 것
   - 기타: ______________________

2. 그리스도께서 우리를 사랑하셔서 하나님과 당신의 관계를 회복시켜 주신 일에 대해 당신이 가지는 생각과 태도는 어떻습니까?

- 그저 덤덤하다.
- 너무 놀라서 입이 다물어 지지 않는다.
- 좀 더 깊이 생각해 보아야 할 것 같다.
- 예수님께 나 자신을 드리고 싶다.
- 기타:______________________

3. 우리 소그룹이 그리스도의 대사가 되어 화해의 사역을 감당할 수 있는 방법이 있다면 무엇일까요?

- 함께 나가서 그리스도를 선포한다 (사람들에게 그리스도에 대해 말해준다).
- 각자 맡은 일을 열심히 한다.
- 소그룹에 소속된 구성원들을 더 깊이 이해하기 위해 노력한다.
- 사람들에게 우리의 삶을 예로 들어 그리스도에 대해 가르쳐 준다.
- 기타:____

4. 성경 본문을 보면 하나님께서는 이제 우리들에게 '화해의 사역'을 부탁하십니다. 말씀을 액면 그대로 받아들인 우리들은 그리스도의 대사입니다. 당신이 그리스도의 대사로서 지금 할 수 있는 일은 무엇입니까?

- 마음의 상처가 있는 사람을 찾아가 위로한다.
- 어려움에 처한 친구를 실제적으로 돕는다.
- 다른 사람의 말을 좋게한다.

- 아직 예수님을 모르는 사람에게 복음을 전한다.
- 선교사로 헌신한다.
- 기타:______________________________

5. 그의 대사로서 당신이 세울 수 있는 목표는 무엇입니까?
- 그리스도의 좋은 군사가 되는 것이다.
- 사람들에게 그리스도 안에서 성숙한 모습을 보여주는 것이다.
- 되도록 많은 사람들을 하나님의 교회로 인도하는 것이다.
- 유능한 사람이 되도록 공부를 많이 하는 것이다.
- 기타:____

6. 1에서 10까지 눈금이 표시된 저울이 있습니다. 1은 죽을 만큼 두려운 것이고 10은 전혀 두렵지 않은 상태입니다. "하나님의 대사가 되는 것"에 대해 여러분은 어떻게 느끼고 있습니까?

죽을 만큼 두렵다 전혀 두렵지 않다

1 2 3 4 5 6 7 8 9 10

예수님이 이 땅에 계셨던 마지막 3년 동안 세상에 접근하고자 했던 전략은 다른 사람을 훈련시키는 것이었으며 이로 인해 제자의 수는 늘어나게 되었습니다. 여기 사도 바울의 말을 소개합니다.

"또 네가 많은 증인 앞에서 내게 들은 바를 충성된 사람들에게 부탁하라 저희가 또 다른 사람들을 가르칠 수 있으리라" (디모데후서 2:2) 아래의 질문에 대답하고 함께 기도해 주시기 바랍니다.

1. 위의 성경구절에서 하는 방법은 지도력의 '위임' 입니다. 그리스도의 제자들을 더 많이 세우기 위해서 당신이 지도력을 가지고 있다면 당신의 지도력은 '위임(Empowerment)' 할 수 있는 사람을 머릿 속에 떠올려 보시고, 왜 그 사람인지 함께 나누어 주십시오.

2. 아래의 진술에 동의하면 "그렇다"로 동의하지 않으면 "아니다"로 표시해 보십시오.
   - 예수님께서는 자신의 삶을 제자들에게 나누어 주셨고 예수님의 제자들도 차례로 자신의 삶을 다른 사람들에게 나누어 주었다. (그렇다, 아니다)
   - 만일 예수님이 공생애 기간 동안 제자들을 훈련시키지 않으셨더라면 그분의 가르침은 예수님께서 돌아가시고 나서 곧 사라졌을 것이다. (그렇다, 아니다)
   - 누군가를 가르치기 위해서 나는 먼저 교회내에서 진형하고 있는 훈련 프로그램에 등록해야 한다. (그렇다, 아니다)
   - 제자도라는 것은 다른 사람의 생애에 내 자신을 온전히 쏟아부어서 그도 다른 사람에게 똑같은 일을 할 수 있도록 하는 것이다. (그렇다, 아니다)

3. 여러분의 삶이 디모데후서 2장 2절과 같아지게 하기 위해서 여러분이 할 수 있는 일은 무엇인가요? 함께 나누어 보십시오.

부록

TALK전략 : 소그룹 운영전략

소그룹을 건강하게 만들기 위해서는 적어도 몇 가지 전략이 필요합니다. 많은 전략들을 고안하고 정리할 수도 있겠지만, 4가지 전략(이하, TALK전략)으로 정리할 수 있습니다. 아마도 교회 내에서 소그룹 관리자들은 목회자가 대부분일 것이라고 짐작할 수 있겠는데, 소그룹 관리자들이 적어도 이 TALK전략을 기억하며 소그룹을 운용해 나간다면 역동적인 소그룹을 이룰 수 있을 것이라고 봅니다. TALK전략의 네 가지 전략들은 긴밀하게 상호연결되어 있을 뿐만 아니라, 서로 다른 전략들을 보완해 주는 기능을 가지고 있습니다.

T(Triangle)전략 : 삼각기둥

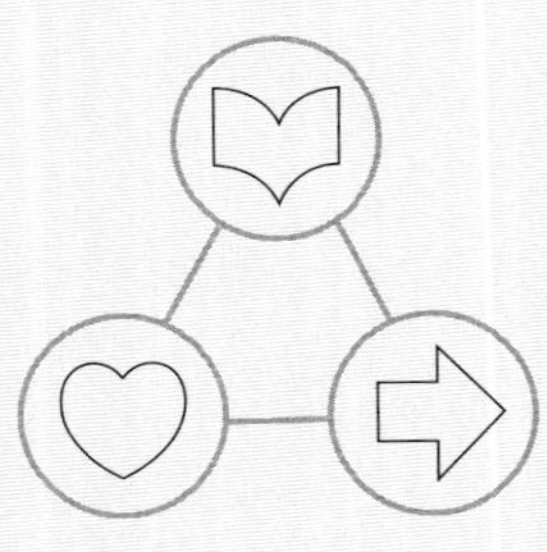

T전략은 모든 전략의 기초가 되는 전략입니다. 건강한 소그룹이 본질적으로 가져야 할 3대 요소들을 강조하는 것입니다. 건강한 소그룹은 성경연구와 그룹세우기, 그리고 모임의 확장을 통한 선교와 전도의 요소를 내부에 필수적으로 가지고 있습니다. '성경연구' 즉, 하나님의 말씀에 대한 연구는 건강한 소그룹의 생명에서 가장

중요한 요소입니다. '그룹세우기' 혹은 '보살핌, 교제' 라고 일컬어지는 두 번째 요소는 하나의 그룹을 이루어 가는 결속 과정으로 시간과 노력과 헌신이 요구되는 요소입니다. 세 번째 요소인 '확장' 의 요소는 일명 '빈자리' 요소라고 일컬을 수도 있는데, 소그룹 내에서 서로에 대한 사랑과 섬김 가운데 항상 그 모임이 확장되어야 함을 의미합니다.

소그룹 활동이 처음 소개될 때, 사람들은 소그룹 모임은 오로지 성경공부와 기도에만 초점을 맞추어야 한다고 생각하는 경향이 있었습니다. 이것은 소그룹 자체가 가르침과 배움의 과정만 있는 상당히 지루한 모임이라는 인식을 하게끔 만들었습니다(이에 더하여 서로를 돌아보거나 이 모임이 궁극적으로 지향하고 하나님 나라와 이웃을 향해서 섬겨야 할 구체적인 내용이 무엇인지를 많이 상실하게 만들었습니다). 곧 소그룹 구성원들의 머리는 냉철해지고, 성경지식은 풍성하게 만들었는지 모르지만, 공동체성을 상실하게 만든 것입니다. 또한 교회 안에서 소그룹으로 모인다는 것은 바로 이웃들을 전도하기 위한 효과적인 도구로 활용하기 위함이라는 의식이 팽배했던 시기가 있었습니다. 먼저 복음을 들은 자들이 전도에 힘을 써야 하는 것이 당연한 일이긴 하지만, 모임의 확장만을 배타적으로 강조하게 되면 그것으로 인해 소그룹의 건강성을 해칠 경우도 사실상 배제할 수 없는 것입니다.

이외에도 일부 소그룹에서는 다른 요소들은 젖혀 두고, 그룹 자체를 하나의 공동체로서 견고히 세워가는 것에만 초점을 맞추고, 구성원들 서로간의 협력과 교제에만 몰두하게 되는 경우도 생겨났습니다. 특별히 80년대와 90년대 소그룹 성경공부 모임이 활발했던 시절, 청년부나 대학부 자체 집회 후 이루어지는 그룹성경공부(GBS) 시간은 종종 그들만의 친목과 교제의 시간으로 전락하는 경우가 많이 있었습니다.

특별히 리더 훈련 과정이 박약하고 리더로 세울 만한 인적자원이 엷은 교회의 청년 대학부일수록 이런 경향은 더 심하게 나타난 것이 사실입니다. 모든 힘을 내부에

탕진해 버리는 경우, 그 이후에 나타날 결과는 강 건너 불 보듯이 뻔한 상황입니다.

이상에서 살펴 보았듯이, 각 교회에서 행해지던 지금까지의 소그룹 운동들은 많은 경우 다른 두 가지 본질적인 요소들은 젖혀두고 오로지 한 가지 요소에만 몰두해서 소그룹을 이끌어 가려고 했기 때문에 시행착오를 겪고 혼돈에 빠질 수밖에 없었습니다. 그래서 한 가지에만 열정을 소모했던 많은 교회들이 기진맥진하고, 마침내 소그룹 사역을 포기하는 모습을 많이 볼 수 있었던 것입니다.

그러나 소그룹 사역이 도달하고자 하는 목표는 이러한 3가지 본질적인 요소들이 조화를 이루는 것입니다. 실제로 성경연구는 건강한 소그룹의 생명에 있어서 가장 중요한 요소입니다. 그러나 성경연구 한 가지만으로는 부족합니다. 이것은 다른 두 가지 요소들을 충분히 고려할 때 최고의 효과를 발휘하게 됩니다. 따라서 하나의 그룹은 세 가지 요소들을 모두 활용할 때 가장 뛰어난 사역을 이루게 되는 것입니다. 건강한 소그룹을 운용하기 위해서 소그룹의 필수적인 3요소를 균형있게 표현한 "T의 전략"이 필요한 것입니다.

A(Amplify)전략 : 빈자리

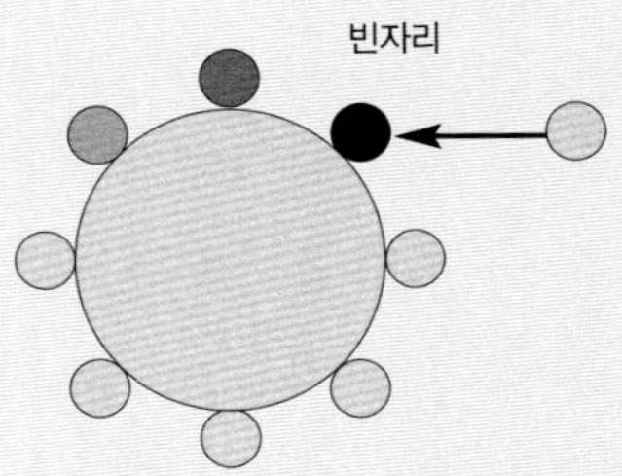

건강한 소그룹을 운용하기 위한 A전략은 아주 간단한 준비를 통해서 실행될 수 있습니다. 모임 장소에 빈자리 하나를 놓아 두는 것입니다. 이것은 모든 소그룹 구성원들에게 우리가 함께하는 모임이 항상 다른 사람들에게 개방되어 있다는 것을 기억하게 해주는 상징입니다. "자신의 발걸음을 하나님께로 돌이키려는 사람, 상처를 받았거나 소속될 곳이 필요한 사람, 영적 교제에 갈급한 사람, 치유와 회복이 필요한 사람 등" 어떤 사람이든지 그리스도의 복음이 필요한 모든 사람들에게 모임이 열려 있고, 받아들일 준비가 되어 있다는 것을 상징적으로 보여주는 것이 빈자리인 것입니다. 따라서 빈자리는 소그룹에서 반드시 시행되어야 할 삼대 요소 가운데, 확장(선교와 전도)의 요소를 확인시켜 주는 중요한 도구가 될 수 있습니다.

대체적으로 견고하게 결속된 그룹일수록 타인을 받아들이는데, 상당히 경직된 태도를 보일 수 있는 가능성이 높습니다. 그러나 교회 공동체에서 소그룹 사역을 하는 것은 궁극적으로 새로운 소그룹을 탄생시키기 위한 생명적 고판으로써, 소그룹 사역을 진행한다는 점을 깊이 인식할 필요가 있습니다. 즉 소그룹이 열린 소그룹이어야 함을 주지시키는 것입니다. 또한 빈자리는 모든 소그룹 구성원들에게 그 자리에 와서 앉아야 할 사람이 있음을 상기시켜 주고, 그 사람을 위해 기도할 책임과 그 사람을 인도할 책임이 자신에게 있음을 알려주는 실물 도구가 됩니다.

그러므로 열린 소그룹으로서 항상 빈자리를 기억하면서 함께 기도하고, 구체적으로 움직이는 동기를 끊임없이 부여하는 것이 빈자리인 것입니다. 인생에서와 마찬가지로 소그룹에도 역시 탄생, 성장 그리고 재탄생이라는 자연스러운 생명주기가 있습니다. 소그룹의 구성원들이 함께 모여 견고하게 결속되어 가는 것은 참으로 보기 좋은 모습입니다. 그리고 소그룹이 생명력을 가지고 더욱 성장하고 성숙해지는 모습은 참 아름다운 일입니다. 그러나 소그룹에서도 사랑의 극치는 인생에서와 마찬가지로 그 그룹이 또 다른 새로운 그룹을 탄생시켜 "재탄생" 하는 것이라고 할 수 있습니다. 여기에 소그룹의 임무가 있는 것입니다.

따라서 소그룹의 구성원들로 하여금 출발할 때부터 이 사실을 확인시키고, 진행과정에서 언제나 기억하도록 하는 것은 매우 중요한 일입니다. 탄생시기에 자신의 이야기를 다른 사람들과 함께 나누고, 그 나눔에 대해 감사하면서 서로의 이야기에 긍정적인 반응을 보인 사람들은 최종적으로 현재 삶 속에서 개인적으로 필요에 대해서도 이야기하고 바라는 목표가 무엇인지 나눌 수 있기 때문입니다.

이 시기는 마치 이성교제에서 이제 막 데이트를 시작하려는 단계와 비교할 수 있습니다. 상대방과 결혼하기를 원한다면, 서로에 대해 알기 위하여 시간을 투자해야 하는 것입니다. 그리고 결혼에 골인하기 위해서 어느 정도 지켜야 할 약속을 서로가 목표설정을 하면서 맺는 과정도 거치게 되는 것입니다. 이런 탄생시기를 지나면, 성장과 성숙의 시기에 이르게 되는데, 이 시기는 결혼의 초기 단계에 비교될 수 있습니다. 소그룹 구성원들은 관계를 지속하기 위해 언약에 스스로 동의했습니다. 이제는 성장해야 할 시간이 된 것입니다. 그렇게 함으로써 모든 구성원들은 하나로 결속되었습니다. 이제 모든 구성원들은 한 공동체의 지체로서 성장해야 합니다.

소그룹이 성장하기 위해서는 말씀에 대한 깊이 있는 공부가 필요합니다. 따라서 성경공부를 영양을 고루 갖춘 건강식으로 변화시킬 필요가 있는 것입니다. 그리고 열려 있는 소그룹으로서 새로운 사람이 모임 안에 들어왔을 때, 어떤 선택을 해서 그 사람을 효과적으로 안착시킬 수 있을 것인가에 대한 대안 마련도 이 시기에는 필요합니다. 궁극적으로 성숙의 과정을 거쳐야 하는데 그러기 위해서는 보다 깊이 있어지고, 삶의 변화를 이끌어 내는 성경공부와 그에 맞는 교재가 필요한 것입니다. 그리고 이 시기에도 역시 잊지 말아야 할 것은 빈자리를 만들어서 영적인 성장만큼 수적으로도 성장을 계속해야 한다는 점입니다.

L(Life cycle)전략 : 생명주기

탄생기	성장기	재탄생기
성경공부	성경공부	성경공부
교제	교제	교제
선교	선교	선교

L전략에서는 "최소의 연료를 가지고 최고의 연비를 낼 수 있도록" 어떻게 세 가지 요소들을 적절하게 안배할 것인가를 살펴볼 수 있습니다. 소그룹 인도자들은 지금까지 소그룹을 운용하면서 기본적으로 두 가지 중 한 가지의 방식을 선택하면서 소그룹을 운영해 왔을 것입니다.

첫째, 정적인 운용방식입니다. 이것은 소그룹이 만약 90분 동안의 모임을 가진다면 30분 간은 성경연구, 30분 간은 공동체 세우기와 교제, 30분 간은 모임의 확장을 위한 결단의 시간으로 가지는 것입니다. 세 부분이 삼단 케이크처럼 똑같이 30분씩 삼등분 되도록 진행하는 것이 이 정적인 운용방식의 특징입니다. 그러나 사실상 이것은 과거에 사용하던 구식 시스템입니다. 소그룹의 세 가지 본질적인 요소를 균형있게 유지할 수는 있지만, 융통성이 없어서, 소그룹의 성장 단계와 생명주기의 단계에서 요구되는 필요들을 적절하게 평가하거나 반영하기에는 실패하기 쉬운 방식입니다.

둘째, 동적인 운용방식입니다. 이름하여 'L전략'이라고 불리는 동적인 활동은 T전략의 세 가지 본질적인 요소들을 점검하고 그룹의 생명주기 전반에 걸쳐서 그 때

마다 우선순위를 확인해 주는 것을 의미합니다. 한 그룹의 단기적인 활동단계에 있어서 T전략의 세 가지 본질적인 요소(성경연구, 그룹세우기, 확장) 가운데 한 가지에 나머지 두 가지보다 우선순위를 두는 것입니다.

이러한 강조는 다른 측면들을 결코 무시하는 것이 아닙니다. 이것은 단지 소그룹이 가지는 생명주기의 특별한 단계에서 필요한 요소에 우선순위를 부여하는 것일 뿐입니다. 예를 들어, 만일 하나의 소그룹이 일 년 동안 모임을 갖는다면, 여름방학 한 달(7월 혹은 8월)과 겨울방학 두 달(12월과 1월)을 제외하고 9개월을 각각 3단계로 나눌 수 있을 것입니다. 소그룹이 처음 출범한 탄생시기에는 그룹세우기가 가장 중요한 요소가 되고, 그것이 성경연구와 확장의 요소보다 우선권을 갖는 것입니다. 소그룹이 구성되고 구성원들이 처음으로 얼굴을 대하게 된 시기에는 사실상 성경연구를 깊이 있게 하거나, 전도해야 할 필요성과 결단을 촉구하는 것은 상당히 어려운 시기입니다.

이 때, 필요한 것은 모든 참석자들이 그 모임 안에서 따뜻함과 평안함을 느끼고 계속해서 소그룹에 참석할 것을 스스로 결정하도록 하는 동기를 부여하는 일이 우선인 것입니다. 따라서 구성원들이 하나의 그룹으로서 공동체를 이룰 수 있도록 교제하는 것에 시간과 모든 활동을 집중하고, 그 다음에 보다 깊이 있는 성경연구와 모임의 확장을 꾀하도록 하는 것입니다.

탄생의 시기가 지나가면, 그룹세우기를 위한 교제의 요소를 한 발짝 뒤로 돌리고 구성원들이 소그룹 안에서 보다 성숙하도록 하기 위해서는 성경연구와 확장(선교와 전도)에 대한 깊이 있는 결단을 촉구하는 분위기와 시간으로 이끌면 됩니다. 소그룹의 생명주기에 맞추어 마지막 단계까지 소그룹이 가져야 할 3대 요소를 우선순위를 고려하여 시간을 배정하고, 교과과정이나 교재활용을 한다면, 그 소그룹은 훨씬 역동적으로 진행될 것입니다.

K(Koinonia)전략 : 코이노니아

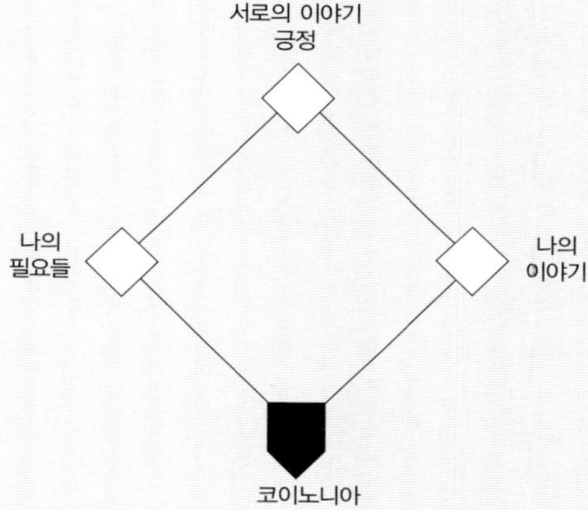

K전략은 소그룹의 탄생시기에 그 소그룹을 견고하게 하기 위해서 사용해야 할 전략입니다. 야구장에 나타나는 각 베이스들(1루, 2루, 3루, 홈베이스)은 소그룹의 구성원들이 결속되고 견고하게 완성되기 위해서 거쳐야 할 각 과정을 나타냅니다. 이 아이디어는 모든 소그룹 구성원들이 홈베이스(궁극적인 코이노니아)를 향하는 과정에 각 베이스에 머무르며 내야를 한 바퀴 도는 야구선수처럼 각 과정을 돌아서 목표지점에 들어가는 과정을 보여줍니다.

자기소개

먼저 1루 베이스는 자기소개의 과정입니다. 소그룹에서 소그룹 자체를 건강하고 견고하게 만들기 위해서 구성원 각자가 다른 참가자들에게 줄 수 있는 가장 큰 선물은 다른 것이 아닙니다. 바로 자기 자신을 선물로 내어놓는 것입니다. 이런 점에서 1루 베이스는 구성원 각자가 자신에 관한 이야기들을 다른 사람들과 함께 나누는 과정으로써 '자기소개' 라고 부를 수 있습니다. 즉 부담없이 "서로를 알기 위한" 시간인 것입니다. 이 기회에 모든 구성원들은 거추장스러운 외투를 벗어 걸어놓고, 무겁게 짊어지고 다니던 짐 보따리를 풀어놓고, 자신이 살아온 여정을 드러내고 보여주는 과정을 가지는 것입니다. 자신의 과거인 고향과 어린 시절의 추억들, 그리고 중요한 사람들에 대해서 뿐만 아니라, 영적인 여정 가운데 과거 자신의 삶을 소개할 수 있는 시간이 바로 이 시간입니다. 그리고 자신의 현재를 소개하는 시간으로 영적인 순례의 과정에서 지금의 나는 어디에 있는가를 소개하는 시간을 가질 수 있습니다. 여기에 더하여 장차 미래에 어떤 비전을 품고, 무엇이 되고자 하는가에 대한 꿈과 소망들과 하나님으로부터 받은 소명을 함께 나누는 시간을 가지는 것입니다.

긍정의 과정

2루 베이스는 긍정의 과정입니다. 2루 베이스는 1루에서 자신의 삶에 대해 소개하고 나눈 사람들에게 긍정적인 반응을 보이는 곳입니다. 구성원들이 한 구성원의 이야기에 대해서 긍정의 반응을 보이기 시작할 때, 그들 사이에는 '관계성' 이 창조되는 것입니다. 그러나 이 관계성은 단순한 '반응' 이나 남의 이야기를 잘 들어주는 기술을 넘어서는 그 이상의 것입니다. 즉 2루 베이스에서 모든 소그룹 구성원들은 한 사람의 자기소개에 대해서 그의 삶의 이야기에 대한 무조건적인 수용과 전적인 긍정을 하는 것을 의미합니다. 진리의 문제와 관련이 없는 이상 전적인 수용과 긍정의 의사를 분명하게 보여줄 때, 자기소개의 과정을 거치는 사람은 소그룹 내에 자신이 분명한 구성원이고, 배려받는 느낌으로 안정성을 가지게 되는 것입니다.

그러므로 2루 베이스에서는 "당신의 이야기에 대해 감사드립니다.", "저는 당신의 이야기를 통해 ……을 얻게 되었습니다.", "당신의 이야기는 저에게 참으로 귀한 선물입니다."라고 말하는 것이 중요하다고 할 수 있습니다. 이런 점에서 모든 소그룹 구성원들은 서로에게 이렇게 반응하는 방법을 반드시 배워야 하고, 그것을 구체적으로 실천하기 위해 소그룹 전체의 약속이 필요합니다.

목표설정

소그룹의 결속을 위해 마지막으로 거쳐야 할 3루 베이스의 과정은 '목표설정' 입니다. 나눔과 긍정은 구성원들 상호간에 좋은 관계성을 이루어 주고, 좋은 관계는 거친 물결을 헤치고 항해하는 모험의 위험에서도 하나의 공동체로서 지속성을 유지할 수 있는 힘을 공급해 줄 수 있습니다. 따라서 3루 베이스에서는 보다 깊은 수준의 이야기를 나눌 수 있는 것입니다. "이제 당신은 어떤 삶을 살기를 원하십니까?", "하나님께서 당신을 부르시는 곳은 어떤 영역입니까?" 등의 물음에 대한 구체적인 비전에 대한 나눔은 모든 소그룹 구성원들에게 새로운 차원을 열어줄 것입니다.

따라서 3루 베이스의 과정은 성령님께서 사람들을 결속시키시고, 치료하시고, 새롭게 하셔서, 새로운 도전을 할 수 있도록 하는 곳입니다. 마침내 1루, 2루, 3루를 효과적으로 거쳤을 때, 그 소그룹은 홈 베이스인 온전한 교제의 상태인 코이노니아에 이르게 됩니다.

이상에서 건강한 소그룹을 위한 4가지 전략을 간략히 소개해 드렸는데, 건강한 교회를 이루고자 하는 분들에게 유용한 도구가 될 수 있기를 기대합니다. 소그룹의 원리는 어려우면서도 쉽고, 또 쉬우면서도 어려운 측면이 있습니다. 따라서 진지한 연구와 끈기 있는 시도가 소그룹을 준비하는 기본적인 자세임을 말씀드리고 싶습니다.

저자소개

채 이 석 목사 (한국소그룹목회연구원 원장 / 소그룹하우스 발행인)

총신대학교 신학과(B.A.)와 신학대학원(M.div.)을 졸업하고 미국 리폼드 신학교(Reformed Theological Seminary, Th.M.)와 웨스트민스터 신학교(Westminster Theological Seminary, Th.M. & D.Min. 과정) 를 거쳐 시카고의 트리니티 복음주의 신학교(Trinity Evangelical Devinity School)에서 역사신학으로 박사(Ph.D.)학위를 취득하였습니다.
현재는 총신대학교 목회신학전문대학원의 교수로서 그리고 비전교회의 담임목사로서 건강한 소그룹을 통해 건강한 교회를 만들기 위한 사역에 열정을 바치고 있습니다.

이 상 화 목사 (한국소그룹목회연구원 대표 / 소그룹하우스 편집인)

총신대학교 신학과(B.A)와 신학대학원(M.Div)을 졸업하고, 총신대학원에서 신학석사 (Th.M) 학위를 취득하였고, 총신대학원에서 박사학위(Ph.D.cand.) 과정을 이수하고, 조직신학을 전공으로 웨스트민스터 신학대학원대학교에서 박사학위(Ph.D)를 취득하였습니다.
그리고 캐나다 토론토(Univ. of Toronto)에서 Visiting Scholar로 연구활동을 했으며 특히 교회론을 중점적으로 연구하여 올바른 교회관의 정립을 위해 노력해 오고 있습니다.
그동안 안양대와 실천신학대학원대학교 등지에서 강의해왔으며 현재는 서초동 사랑의 교회 협동목사로서 대외협력 사역을 담당하다가 서울 예장동에 위치한 드림의교회 담임목사로 섬기고 있으며, 또한 서울웨스트민스터 신학대학원대학교 실천신학 교수 및 소그룹석학위과정 프로그램 코디네이터와 실천신학대학원대학교 외래교수, '한국소그룹목회연구원' 대표로 있습니다. '교회갱신을 위한 목회자 협의회' 의 사무총장과 '한국기독교목회자협의회'의 사무총장, 그리고 '청년목회자연합' 공동대표로 사역을 담당하며 이론을 실천에 옮기는 데 최선을 다하고 있습니다.

성경공부시리즈 교과과정 안내

101 부르심시리즈

101 부르심시리즈의 기본 목적은 그룹을 세우는 것입니다. 101 교재는 세 가지 유형에 맞추어 준비되고 있습니다.

첫째 유형은 초신자용으로서 교회에 나오기 시작한 지 얼마 되지 않았고, 소그룹으로 공부해 본 적이 없는 사람과 새신자들을 위한 교재이며 제목은 **"믿음의 기초"**입니다.

둘째 유형은 교회에 오래 다녔으나 소그룹 성경공부의 경험이 별로 없는 사람들을 의해 만들어진 교재이며, 출간된 제목은 **"새로운 시작"**입니다.

셋째 유형은 교회에도 오래 다녔고, 소그룹 성경공부 과정도 1회 이상 이수한 사람들을 위한 교재입니다. 제목은 **"새로운 도전"**입니다.

201 성숙시리즈

201의 성숙시리즈는 기독교의 기본진리, 그리스도인들이 갖추어야 할 성품, 경건훈련, 사회생활, 치유, 인물탐구, 제자도, 결혼, 남성상, 여성상, 인간관계 등과 같이 성숙한 그리스도인이 되기 위해 필요한 모든 주제들을 다루게 됩니다.

301 심화시리즈

301의 심화시리즈는 보다 깊이 있는 성경연구를 할 수 있도록 제작됩니다. 201이 주제별로 다루어진다면 301은 성경의 권별로 접근하게 됩니다. 그래서 성경의 기록 목적과 주제와 깊은 신학적인 내용까지도 배울 수 있도록 구성될 것입니다.

401 졸업 시리즈

401의 졸업 시리즈는 새로운 그룹을 탄생시키기 위해 갖추어야 할 기본지식과 기술들을 가르쳐 주며 사도행전을 중심으로 새로운 그룹을 탄생시키는 것에 대한 성경적인 동기와 섬김과 봉사에 대한 헌신의 동기를 부여받게 될 것입니다. 이외에도 '성경공부가 무엇인지', '성경공부를 어떻게 진행해야 하는지', '그룹을 어떻게 관리해야 하는지'에 대한 구체적인 지침을 제공하고, 자신의 은사를 발견하게 해줌으로써 새롭게 리더가 되기를 원하는 사람들에게 도움을 줄 것입니다. 그리고 주님의 교회와 하나님 나라를 향한 헌신을 결단할 수 있도록 도움을 드릴 것입니다.

소그룹하우스 성경공부 출간 예정교재 목록

101 부르심시리즈

책 제목	
믿음의 기초	완간
새로운 시작	완간
새로운 도전	완간

201 성숙시리즈

책 제목	
그리스도인의 성품	완간
그리스도인의 인간관계	완간
그리스도인의 가정생활	완간
그리스도인이 된다는 것	완간
그리스도인의 정체성	완간
결혼	근간
결혼 그 이후	근간
고난의 극복	근간
교제로의 초대	근간
교회와 예배	근간
그리스도인의 부모역할	근간
그리스도인의 사회생활	근간
그리스도인의 은사	근간
그리스도인의 자존심	근간
기도는 어떻게 하는가	근간
꿈	근간
남성들의 문제	근간
남성상	근간
돈(재물관)	근간
봉사생활	근간
상처치유	근간
성경	근간
성경의 위대한 남성들	근간
성경의 위대한 여성들	근간
스트레스	근간
아름다운 노후생활	근간
여성상	근간
여성의 문제들	근간
영성과 직업	근간
영적인 전쟁을 선포하라	근간
예수그리스도	근간
훈련받는 그리스도인	근간

이하 계속 주제 선정 중

301 심화시리즈

책 제목	
창세기	근간
출애굽기	근간
룻기	근간
사무엘상	근간
사무엘하	근간
느헤미아	근간
다니엘	근간
호세아	근간
마태복음	근간
요한복음	근간
사도행전	근간
로마서	근간
고린도전서	근간
고린도후서	근간
갈라디아서	근간
디모데전서	근간
디모데후서	근간
에베소서	근간
빌립보서	근간
골로새서	근간
데살로니가전서	근간
데살로니가후서	근간
히브리서	근간
야고보서	근간
요한서신	근간
베드로전서	근간
베드로후서	근간
요한계시록	근간

이하 계속 주제 선정 중

401 졸업시리즈

책 제목	
재탄생	완간
이렇게 인도하라	근간
이렇게 섬기라	근간

▶사정에 따라 출판 순서는 변동될 수 있으며, 각 교회 현장에서 교과과정을 짜기 용이하도록 순서가 바뀌어 출간될 수 있습니다.